CHRISTOPHER PETIT

LES CONFESSIONS DE CHRIS

POEMES

Édition BOD

Ce recueil de poésie est dédié à mes parents, mes amis, mais également à vous très chers lecteurs

Préface

*La poésie est un art qui m'anime chaque jour par la douce intimité de mon cœur. Cet art m'est subliminal et m'a permis d'avancer dans la vie.
Aujourd'hui, je peux en effet dire que la poésie m' a fait mûrir et avancer sur le chemin de la vie, je peux également dire que cela m'a tenu en vie. Les mots que j'ai écrits dans ce recueil se portent sur des événements clés de ma vie, que beaucoup peuvent s'approprier à leurs propres histoires. La poésie a été une vraie thérapie pour moi dans les moments les plus difficiles, ne voulant pas les dire je me suis confié sur papier. Comme le disait Jean Anouilh «Une confidence se donne, mais ne se demande pas»*

Sommaire

1 : Câlin Subtil 8
2 : Coup De Foudre à San Sebastian........................10
3 : La Fin D'Une Histoire................................ 12
4 : Amour Charnel 13
5 : Révélations... 16
6 : Ma Sincérité 19
7 : L' Absence D' Une Vie...............................25
8 : Un Amour, Un Pardon............................... 28
9 : Un Amour Galactique 31
10 : Une Simple Pensée................................... 33
11 : Treize Ans Déjà..................................... 35
12 : Sensuellement Votre 39
13 : Des Anges Dans Le Ciel 43
14 : L'Amour Perdu...................................... 46
15 : Un Rêve Amoureux 48
16 : Cara 51
17 : Lettre à Candice 53
18 : Barcelona 58
19 : Ô Manchester 61

20 : Tendre Candice ….. ……………………... 66
21 : Ma Déclaration ….............................………. 67
22 : L'Instinct Amoureux………………………..70
23: Vengeance Totale …..72
24 : L' Amour En Voyage ……………………....75
25 : Premier Amour ……………………………...78
26 : Nostalgie …......... …………………………..81
27 : Sensations Étranges ……………………......83
28 : Remerciements …...86

Câlin Subtil

Aujourd'hui un câlin subtil s'offre à moi !!!!
Vous savez ce genre de petite étreinte qui vous met en émoi
Et vous procure un instant de roi
Offrant divers choix
Lorsque je t'aperçois, un délicieux moment
S'ouvre à nous traversant le fil du temps

Un simple câlin de manière amicale
Un instant magique inaugurant le bal
Du bonheur accompli
Ce moment magique qui me faisait envie
Un instant originel
Pour un contact en visuel

*Un simple regard suffit
Pour me signifier cette envie
Doucement, tu joues avec tes cheveux
Ce qui anime les envieux
Puis délicatement, un instant subtil se dessine
Par tes courbes généreuses*

*A tel point que, ta voix en devient pétillante
Et mes yeux étincelants, telle une étoile filante
Résistant à cette tentation lumineuse
Cependant, cet instant s'offre à moi de manière fastidieuse*

*Je m'approche donc délicatement
T'offrant ce délicieux câlin intime
Celui qui m'assassine par ta beauté magnifique
Ensuite, je te serre doucement
En te prenant dans mes bras pour te signifier mon affection intensément
Puis je te dépose un bisou magique
Dessinant ce fabuleux moment*

Coup De Foudre à San Sebastian

Seul sur la plage San Sebastián devant cette splendeur idéalisée
Mon cœur s'emballait devant cette beauté

Qui me retenait avec attention
Sous la vague douceur de ma satisfaction
Sa silhouette se dessinait par le contour de ses courbes
Sous un soleil de plomb qui m'acourbe

Mon rêve n'en était que plus beau ainsi que cette réflexion

Me tutoyant du regard, lorsqu'elle me faisait les yeux doux
Lorsqu'elle m'a rejoint sur cette plage,
Mon cœur était en ébullition

Sa tendresse m'apaisait
Sa beauté illuminait mes yeux
Tout émerveillés qui ne ferait que des envieux
À ce jour, j'ai de suite compris que tu serais la femme de ma vie
Celle avec qui je pourrais rêver, m'amuser et réaliser mes plus folles envies

Aujourd'hui, je peux dire que je décrocherais la lune
Pour assouvir tous tes désirs qui t'abritent
Ainsi notre Amour en une De La Tribune
Délicatement, un simple baiser se dépose sur mes lèvres
Me signifiant que ce n'était pas un rêve
Mais une réalité qui se rêve
Avant nous étions deux, aujourd'hui nous ne formons qu'un seul et unique Amour
Celui qui vivra pour toujours !!!!!!

La Fin D'Une Histoire

Aujourd'hui, c'est la fin d'une histoire
Plus rien ne se passe, mon cœur s'est éteint
La fin d'un combat perdu d'avance qui m'atteint,
En ce jour, c'est toute ma vie en plein désespoir
Une vie harassée, une vie à l'agonie,
Une vie simplement inerte
Seul le grand voyage jusqu'au repos éternel
M'attend, en effet la faucheuse m'a terrassé
En plein cœur jusqu'à ce dernier soupir
Qui mettait fin à mon avenir
Aujourd'hui, c'est au tombeau éternel
Que ma vie au bois dormant
S'écrit, le calme abrite mon âme
Unanime, et repose en paix
Aujourd'hui, je peux dire que mon esprit somnole au paradis éternel
Et que la vie est finalement immortelle

Amour Charnel

*Plage idyllique autour de moi me fascinait
Longue, mince, corps fastidieux accompagné
d'une douceur onctueuse
Une femme passait d'une main baladeuse
Celle-ci me charmait et me faisait rêver*

*Brune, charmante, adorable, de ses jambes
qui me tuent
J'admirais ses yeux couleurs argent
Dont le regard éclairé tutoyait le firmament
Cette contemplation m'était rêveuse, elle
s'affichait dans la rue*

Ma renaissance était totale avec cette beauté
Qui me faisait fondre du regard
J'admirais avec passion et volupté
Cette réflexion à son égard
Celui qui me conduirait à l'éternité

D'un amour qui sera prestigieux
Nous irons d'un océan azur jusqu'aux cieux
Ensemble nous rêverons, nous partagerons, nous bâtirons notre amour
Celui de notre cœur qui s'ouvrira de jour en jour

Au pays qui nous rassemble
Aimer et vivre ensemble
Sous le soleil couchant
Avec ces pierres couleurs argent

De cette senteur d'ambre
Qui décorait notre chambre
J'admirais cette splendeur orientale
De sa douce langue natale

Qui me parlait
Tout en secret
Un instant qui me fait vibrer
Pour une vie qui m'était émerveillée

Révélations

Tant d'années se sont passées
Depuis que nous nous sommes quittés
Une belle histoire s'est éteinte brutalement
Par le simple fait que je voyais cette relation dangereusement
M'atteindre en plein cœur
Ravivant ainsi tous mes souvenirs qui me valaient ces pleurs

Maintenant, je sais que j'ai fait les mauvais choix
Mais il est impossible de revenir en arrière pour effacer
Tous ces actes qui nous ont fait tant de mal
J'espère simplement que tu as trouvé ta voix
Aujourd'hui, que tu sois heureuse et que ta vie soit émerveillée

D'instants magiques, tu le mérites amplement
L'horloge tourne et il faut vivre le présent
Croquer la vie à pleine dents
Sous les doux chants

De la vie qui convoitise mes envies
J'avais peur de te revoir
Mais je me doutais qu'un jour on se retrouverait
Toi qui passais la plupart de ton temps à m'éviter
Nos regards se sont croisés
Sans le vouloir
Seulement un pur hasard

Serais-ce une lueur d'espoir ?
Ou simplement une étincelle ravivant la flamme
Dans tout les cas je fus agréablement

Surpris de ce changement
Tu m'as regardé sans même décrocher une parole
Malgré cela, je ne suis pas drôle

Le temps a passé
Mais rien n'a été effacé
Je n'oublie pas tout ce qui s'est passé
C'est à partir de ses erreurs que l'on apprend
Sache que, je m'en veux toujours autant

Pourtant, je sais que ce n'était pas entièrement de ma faute
Enfin les années sont passées, mais les souvenirs restent
Je sais maintenant que mon esprit est libre
Et que je peux enfin retrouver ma fibre
D'antan qui m'animait tellement !!!!!!!!!!

Ma Sincérité

*L'intérêt et la paresse anéantissent les promesses quelquefois sincères de la vanité
Sans pour autant que cela ne soit de la pitié
Ainsi l'humanité serait plus sincère si son ensemble
Divaguerait vers la transparence
Et effaceraient toutes ces carences
Vos paroles seraient plus sincères et fidèles
En sommes, vos actions seraient plus dignes et honorables
C'est tout cela qui vous rendrait plus admirable*

*En effet, la preuve est la chose la plus certaine
d'un esprit judicieux
Puisque cela est astucieux
C'est un aveu sincère de son ignorance*

*Qui efface toute médisance
Certes, chacun peut se tromper mais qu'il se trompe ou non il se doit être sincère
Comme lorsque l'on vénère ses prières*

*Cependant, il ne suffit pas de vouloir être sincère
Il faut pouvoir l'être avant tout le monde
Et ainsi être sur la même longueur d'onde
Malheureusement, les gens sincères sont aimés*

*Tout en étant trompé
Ce qui prouve qu'on est peu sincère dans une vie
Et que notre personnalité se montre en dents de scie
Mais avec les années, l'expérience s'acquiert d'un esprit sincère
Comme les baisers d'une femme sincère*

Sont parsemés d'un miel divin
Qui mettent dans une caresse, une âme
Ce qui permet d'entretenir une flamme
Et ainsi effacer tous ces chagrins
Qui nous étaient chers

Il y a des personnes que le ciel a dotées d'une affection
Vive, sincère et dévoué tout en étant en adoration
Celui qui est sincère sera puissant
Tout en restant méfiant
Puisque la seule faiblesse
Qu'il pourrait avoir c'est sa maladresse

Être naturel c'est tout un art, c'est être sincère
Car la sincérité que je puisse avoir c'est mon écrit qui serait sincère

Toutefois, je veux être sincère, car une jolie femme c'est le paradis des yeux
Et si je ne le suis pas je rejoindrais les cieux

Ainsi, je ne ferais pas de mal et ne briserais aucun cœur
Car la sincérité est la chose la plus importante même si pour cela je dois être en pleurs

Vous savez nous ne sommes pas infaillibles parce que l'on est sincère
S'il suffisait d'être sincère pour être original
Alors nous serons tous des artistes
Même si cela peut nous faire peur
La sincérité est la porte qui se forme dans notre cœur

*L'esprit se lasse aisément si le cœur n'est pas raisonnable
Puisque selon moi, la sincérité est l'expression
De la vérité qui nous porte toute affection
En effet, toute franchise est un amour humble
Qui montrera que tu es une personne vraie
Sans pour autant être parfait*

*La sincérité vient de la douce intimité de ton cœur
Quand, elle ne se lit pas sur tes lèvres
Elle se distingue dans tes yeux
La sincérité est un don comme celui de la fidélité
Il se retrouve dans les actes les plus calculés*

*Comme une tendre et sincère amitié sera une chose très précieuse
Le plus rare présent de la nature*

*C'est pourquoi, on se doit d'être mature
Ta sincérité n'en sera que gracieuse
vis à vis de ce que tu aimes
Et de cette vie qui te parsème*

*Comme, cette foi qui t'anime au plus profond de toi
Te montrera encore plus sincère
Un homme sûr vaut son pesant d'or et d'argent
Comme une femme sûre vaut un véritable diamant
Brut celui d'un amour sincère
Qui vaut tout le bonheur du monde*

L' Absence D' Une Vie

Aujourd'hui, ma tristesse est toujours aussi intense
Le temps a passé.
Et pourtant, mon cœur est toujours meurtri
Devant cette absence
Qui m'abrite depuis que tu es parti
Depuis quelque temps déjà, je sens la lumière m'échapper

Cette tristesse profonde me dévore.
Cette tristesse profonde me déshonore.
Aujourd'hui ce manque perpétuel
Me ronge de l'intérieur, vous savez cet instant cruel.
Ou tout se termine et que la route semble bouclée.
Et que votre vie n'a plus raison d'être partagée

Mon cœur se retrouve en plein bouleversement.
Cette absence me manque infiniment.
Je pleure à chaudes larmes.
Je rends les armes.
Devant la moindre difficulté
Je me sens vide devant ces cicatrices infligées

Aujourd'hui encore ce terrible drame a bousculé ma vie.
Toutes ses envies
Ses rêves que j'avais tant imaginés
Les années se sont écoulées.
Mais qu'importe cette absence est toujours présente
Je souffre en silence.

Cette absence est ma carapace.
Cette tristesse est ma force.
Aujourd'hui encore, je pleure cet amour
Qui me fait défaut chaque jour
Ma tristesse est mon agonie.
Berçant ma solitude infinie.

Pénétrant les ombres noires qui m'abritent
J'aimerais tant ne plus pleurer
Cette tristesse que je ne peux oublier
Aujourd'hui encore ce silence
Au fond de moi, m'est gravé, une vie, une absence, un chagrin, c'est un amour qui s'est éteint.

Un Amour, Un Pardon

Crois-moi je me souviens de toi comme la prunelle de mes yeux
Sache que je ne peux t'oublier.
Même si nos chemins se sont séparés
Il y a bien longtemps je divague sous les cieux
Pour espérer décrocher la lune
Crois-moi, tu es la principale motivation
Qui m' accourt avec admiration.
Je m'efforce de retrouver cet amour perdu même si pour cela je dois faire plusieurs détours et escalader les dunes

Pour retrouver ce fabuleux trésor que j'ai abandonné
Je tenterais le tout pour le tout afin de me faire pardonner.

*Aujourd'hui le temps a passé
Je me rends compte que les choix que j'ai décidés
N'était vraiment pas approprié
J'ai voulu t'épargner cette peine qui m'habitait.
Hélas, par pudeur, je te l'ai caché
Et je t'ai rendu malheureux malgré moi
Tout cela par de mauvais choix*

Aujourd'hui simplement et avec toute l'affection

*Que j'ai à ton égard, je veux juste te dire que mon cœur ne t'a jamais oublié
Au fond de moi, ton amour m'est gravé à jamais
Tu sais cette alchimie particulière qui provoque une sensation
De légèreté à travers un simple regard,*

crois-moi aujourd'hui, j'ai beaucoup de regret sur cette histoire
Qui finalement m'a engendré beaucoup de désespoir.

Aujourd'hui, je veux simplement retrouver de la légèreté
Je veux simplement retrouver de la sérénité.
Je veux simplement me faire pardonner.
Je veux simplement t'aimer.

Un Amour Galactique

*Mes yeux scintillent lorsque je t'aperçois
Comme le ciel en pleine nuit
Tu es mon étoile celle qui me guide pas à pas
Celle qui illumine ma vie lorsque tu es près de moi
Chaque jour est une véritable chance
Qui m'est offert ta simple présence
Réchauffe mon cœur
À tel point que cela efface ma peur
Aujourd'hui, de multitudes choix s'offre à moi
Un amour infini
Celui pour la vie
En effet, quand tu es près de moi
Mon cœur s'accélère tant mon amour est intersidéral*

C'est tout simplement un véritable voyage astral
Tu es ma comète celle qui rayonne ma vie tel le soleil sublimant l'univers.
Sache que, tu es la femme que j'avais tant rêvée dans mes rêves les plus chers
Aujourd'hui, tu es mon étoile la nuit
Celle pour qui je décrocherais la lune
Et mon soleil le jour
Celle qui rayonne ma vie jour après jour.
Aujourd'hui, je peux simplement te dire que je t'aime
Depuis cette dune
Où nos corps enlacés
Se subliment par ce ciel illuminé
Car toi et moi c'est pour la vie
Un amour infini qui se vie

Une Simple Pensée

*Cette nuit, j'ai décidé de démasquer tous ces voiles
Qui m'abritent lors de ce voyage lunaire
à travers les étoiles
Je sais à présent que toute vérité est bonne à dire
Même si pour cela je dois en payer le prix
D'ailleurs, j'aurais tout à gagner
Celui d'avoir été sincère même si pour cela je dois compromettre mes valeurs les plus chères
Un cœur à la dérive,
Une blessure incisive*

C'est toute ma vie qui dépérit
En ce jour tragique,
Toi qui m'as laissé seul livrer à moi même
Je sais que l'avenir sera un moment magique
La solitude me la rend bien

Je ne pense à rien
J'avance à grands pas
dans chaque situation me tenant les bras
Je réfléchis puis j'agis selon les conditions se présentant
À moi, ce qui est sûr je rêve du bon vieux temps
J'en oublie les chants me distinguant
De cette histoire passionnante vécut à l'accoutumée
Aujourd'hui, je peux simplement dire que ma vie est enchantée

Treize Ans Déjà

*Cela fait maintenant treize ans jour pour jour
Que tu nous as quittées
Depuis tout ce temps, je n'ai jamais cessé
De t'aimer, de te pleurer
Je ne pourrai donc en aucun t'oublier
Car tu seras présente dans mon cœur pour toujours
Malgré tout ce temps et ces années qui se sont écoulés
Ton affection me manque toujours autant
D'ailleurs, j'y pense régulièrement
Je me doute bien que je sois maintenant grand et discipliné
Mais une maman s'est toute une vie
C'est pourquoi, à ce jour ma tristesse est infinie*

*J'aimerai ne plus souffrir
Mais je ne peux me mentir
Une partie de mon cœur s'est fait détruire
Par ce terrible drame
Qui aura changé ma vie
Et toutes ses envies
Que tu me témoignais
Et que ton cœur me guidait
J'aimerai tellement que cela redevienne comme avant
Hélas, ce souhait ne se réalisera jamais
Il me reste donc que ses souvenirs d'antan
Pour me raccrocher à tout ce que je désirais
Et qui me faisait tant rêver
Le vœu d'avoir une vie émerveillée
A présent, j'ai enfin compris
Cette réflexion et analyse que tu me dévoilais
Tu voulais simplement le meilleur de moi et cette réussite tant espérée
Qui te provoquait tellement d'envie*

*Cela fait treize ans que tu es parti, mais pourtant
J'ai la sensation que tu es toujours présente
A mes cotés comme avant
Je pense que tu fais un voyage itinérant
A travers les cieux pour que tu puisses me protéger
De tous ces dangers
De la vie, plus le temps avance plus la douleur
M'est profonde et envahit mon cœur
Car je sais que tu es près de moi
Mais je ne peux te voir, car on ne m'a pas laissé le choix
Je ne sais pas si tu comprends
Tout ce que je ressens
Car j'ignore les mots que je devrais dire
Pour que tu puisses me revenir
Le plus dur pour moi, c'est que je peux te voir tous les soirs*

Dans mon sommeil ou tu me donnes tous ses conseils
Qui convoitise ma réflexion en éveil
Mais cela est de courte durée
Puisque tu repars comme un ange envolé
Une chose est sûre j'ai enfin compris
Toute cette analyse de la vie que tu me communiquais
Par le passé tu voulais simplement le meilleur de moi et cette réussite tant espérée
Qui te provoquait tellement d'envie
Et te faisais chavirer
Aujourd'hui tu reposes en paix dans le paradis éternel
Sache que je ne cesserais de t'aimer
Je sais qu' un jour on se retrouvera

Sensuellement Votre

Au fil de la nuit nos corps s'enlacent
J'exprime mes désirs les plus fous
Auprès de toi et je dois dire que cela
En vaut vraiment le coup
J'imprime tes traces

Je te suis pas à pas dans la pénombre
Je t'aperçois ma bien-aimée
De tes courbes longilignes, dessinant les coins les plus sombres
Le désir s'installe avec volupté

Je me glisse doucement dans les draps
Puis nos corps en totale alchimie
Se rejoignent, je t'enlace dans mes bras
Deux corps en parfaite harmonie

Respire de plaisir
Je te dépose un doux baiser
Celui qui te fait charmer
Jusqu'au septième ciel
Mon amour pour toi sera officiel

Mon désir de t'aimer
Mon amour pour te sublimer
Dessinant ce doux paysage féminin
J'esquisse cette douceur par la caresse de tes seins

Toi ma princesse
Que je ne regarde sans cesse
Je te fais la promesse
Que cette nuit sera remplie de tendresse

Intensément, je brûle d'impatience de te parcourir
Langoureusement à la douce résonance de tes soupirs
Je te pénètre sensuellement
Une douce mélodie résonne toute la nuit
Celle de deux esprits qui s'unirent

Nos cœurs s'accélèrent
Nos corps se touchent
À tel point que je frisonne de désir
Ta peau si douce est unique
Devant cette intensité de plaisir

Je vis pleinement ce moment spécial
À mon plus vaste régal
Mon esprit perd la notion du temps
À tel point que, ce rêve nocturne s'étend indéfiniment

J'aime ce câlin subtil
À la douceur de cette colombe volatile
Un voyage qui te fait crier
Par cette envie pénétrée

De ce délicieux baiser sur tes lèvres purpurines
Une tendresse émerveillée une affection qui te secoue
Je parcours sensuellement ta poitrine
Car ce privilège m'est un sacré coup

En effet je t'écris la profondeur de mon cœur
Par la simple gravure du mot Bonheur
Toi et moi un amour à l'infini
Je t'écris ces quelques mots de douceur
Pour te dire que tu es mon âme sœur.

Des Anges Dans Le Ciel

*Depuis hier il y a un dilemme qui s'est créé
Et je ne sais comment l'aborder
En effet celui-ci me revient à chaque pensée
Que j'ai tant imaginé
C'est pourquoi je me demande si cette réflexion m'était réservée
Car ces propositions me conduisent à ma destinée*

*J'ai donc décidé de révéler
Ce petit secret qui me fait tant pleurer
Aujourd'hui il y a un an que nos anges nous ont quittés
Eux qui aimaient la vie
Eux qui célébraient la France
Un soir de juillet avec tant d'envie*

*Sous la résonance
Du feu d'artifice
Du 14 juillet illuminant le ciel de Nice
Depuis cette jolie Promenade Des Anglais
Berçant nos anges les plus distingués
Un an déjà que la vie a basculé*

*Pour certains de nos compatriotes subissant
un lourd tribut de ce camion malveillant
Aujourd'hui mon cœur meurt
Devant tous ces gens en pleurs
Subissant ce terrible carnage
Aujourd'hui je possède une telle rage*

*Devant ces barbares sans cœur
Aujourd'hui bon nombre d'innocents payent
ces agissements
C'est pourquoi j'ai le cœur méprisant*

Un An que nos anges se sont envolés vers les cieux
Aujourd'hui cette douleur est toujours présente
Et ne s'effacera jamais

Un sourire, un geste nous rappellera que tu seras toujours
Présent chaque jour
Nos pensées berceront la baie des anges
Par le simple fait que tu seras mon archange.

L'Amour Perdu

Hier, encore je voyageais
Avec toi, je ne sais pas ce que j'ai fait
Ou si je ne rêvais plus de cette histoire
d'amour à l'avenir
Mais quelque chose m'a dit de partir
Tu sais cette petite voix qui résonne en toi
Lorsque tu ne sais plus quel choix
Décidé, car avec moi c'est tout ou rien
Les sons s'invitaient de manière continue
Éclairant, ainsi cette réflexion pour mon bien
Être, un amour s'est terminé
Une page s'est tourné
Mon cœur se met à nu
Même si cela me tue
Je devais partir, tout cela devait cesser
Un cœur parti à la dérive
Que j'ai fini par écouter
Était-ce le bon choix ?
Aujourd'hui je ne sais plus qui je suis;
Qui je suis sans toi

*Hélas par cette décision que j'ai prise
Je sais aujourd'hui que je devrais être avec toi
Ton cœur est mon emprise
Ton absence me pèse et me suis
Ce qui me blesse, c'est qu'une autre main puisse se poser
Sur ce magnifique visage
Celui de mon petit cœur sage
Car il t'aimera plus que ce que j'ai pu t'offrir
Il sera avec toi à en mourir
Aujourd'hui tant de regrets m'abritent
À tel point que mon cœur se déchire
Devant ce tableau idyllique me bouleversant
Toi qui es si charmante
Comment ai-je pu te quitter ?
Aujourd'hui encore cette question me hante
Je ne serais loin de toi si tu m'appelles
Tu resteras l'élue de mon cœur
Même si je t'ai perdu, tu resteras celle que j'ai le plus aimée.*

Un Rêve Amoureux

Lorsque je t'ai aperçu, j'ai senti quelques vibrations
Dans mon corps qui retenait toute mon attention
Ton visage m'a ébloui ainsi que cette senteur d'ambre qui me tutoyait l'envie d'être à tes côtés
Ta beauté s'illuminait dans mon regard tout émerveillé
Ta douceur apaisait mes sens les plus distingués
À ce moment-là, j'ai l'intime conviction que tu seras la femme de ma vie
Celle avec qui je réaliserais des folies
Celle avec qui je partagerais mes envies
Celle avec qui mon cœur se vivifie

*Tu ne le sais pas encore, mais le jour ou cette
révélation s'animera
Je serais le plus heureux des hommes
Tu seras la plus heureuse des femmes
Et tout cela ne fera que des envieux
Celui d'être avec cette charmante femme que
tu es possédant bon nombre de qualité
Et d'attributs émerveillant une vie
Je crois simplement que c'est ma destinée
De t'avoir rencontré
Une vie, une rencontre, un destin
Celui que je réalise enfin
A présent, je peux dire que je suis amoureux
Tu es la femme parfaite
Celle qui me rend encore meilleur
Celle qui corrige mes imparfaits
Sache que mon cœur brûle de désir
Dans ton regard à travers ce plaisir
Envoûtant qui te rend si charmante*

*Je souhaite simplement que tu sois la femme
De ma vie, car tu es celle qui ravive ma
flamme
Ton cœur est si pur
Que je veux que notre histoire dure
Pour l'éternité, car cette confiance mutuelle
Qui s'est écrit est l'addition parfaite de nous
Être amoureux, c'est tout simplement être
amoureux !*

Cara

Chaque jour, mon cœur est émerveillé
Aux vagues senteurs d'ambre qui m'envient
Rayonnante tel un soleil éclairé
A la douceur de ton cœur qui me tient en vie

Sache que ce charme m'est hypnotique
Admirable à regarder telle une princesse
Intensément, un moment divin se dévoue, la découverte d'un trésor magique
Nul ne serait résisté à cette déesse
Tant d'amours se bercent dans mes yeux éclairés

Grandeur de la vie, par cette douceur charnelle
Et qui me fait tant rêver
Réactif, je serais à contempler cette providence
Magistrale, qui s'offre à moi
Arrivé à grand pas un soir d'hiver
Instantanément, mon cœur s'ouvre à l'unisson
Naturellement, c'est tout simplement l'instant sensuel

Lettre à Candice

Ô ma douce et tendre
Candice; cela fait quelque temps que l'on se découvre.
Et je n'aurais jamais imaginé.
Avoir une telle connexion avec toi
Naturellement, ces moments me mettent en émoi.
Et je dois dire que cela me ravit

Tu es une personne extraordinaire.
Une femme sortant de l'ordinaire
Une femme exceptionnelle
Une femme remplie de douceur
Qui adoucit mon cœur.
Par ta présence charnelle

Je te souhaite tant de bonheur.
Car tu le mérites tellement
Femme au grand cœur
Tu possèdes une gentillesse extrêmement
Raffinée qui apporte une joie de vie
Incommensurable différente ; et qui ferait
envie

A bon nombre de personnes
Tu es simplement divine.
Ta beauté inspire l'amour
Chaque jour
Par ta simple présence
L'esprit inspire ton admiration et ta belle âme
l'estime

*Ton cœur est un trésor qu'il faut embellir
pour toujours
Tu es mon diamant brut, je te dédie
Ces quelques mots qui m'animent avec
tellement de vie
Possédant une telle fantaisie
Tu es mon soleil; le jour;*

*Mon étoile; la nuit.
Toi mon petit ange, qui me suit
Toutes les choses me sont infinies
Tu apportes un sourire
Qui traverse la galaxie
Sous une nouvelle ère
Celui qui enchante ce côté solaire*

*A tes côtés, que l'on ne peut qu'apprécier
Près de toi, on ne peut qu' être émerveillé
La douceur de ta voix esquisse berce mes pensées
Lorsque je m'endors dans les bras de Morphée*

*Ce bonheur envoyé chaque jour
Est une véritable bénédiction
Dans mon cœur tu vivras pour toujours
Ce sentiment s'affinera vers l'infini
Car ce partage est totalement inédit
Cette rencontre est tellement magique, que mon cœur est en admiration*

*Devant tant d'élégance,
De volupté et de charme,
Aujourd'hui nous sommes amis
Et cela, sera pour la vie
Jusqu'à ce que mon cœur s'éteigne
Pour l' éternité.*

Barcelona

Ô Barcino, fondateur de cette ville mythique qu'est Barcelona.
Lorsque je te vois ta beauté m'émerveille
Sous l'auspice de la famille impériale
En éveil qu'érigea Julia Augusta
Ô Barcino place fortifié, peuplée au maximum accompagnant Badalone
C'est toute une catalogne
Qui se forma
Et qui avancera pas à pas.
Ô Barcino libéré de ce visage franco
Ô Barcino au développement culturel de Jocep Acebillo
C'est toute cette attractivité contemporaine
Qui s'écrit par l'autonomie

D'un retour à la démocratie
Ô Barcino, berceur de toile
De Joan Miro
C'est toute une collection d'étoiles
Illuminant les œuvres de Picasso
Ô Barcino abritant cette merveilleuse plaça
Catalunya
C'est toute cette ferveur qui abritera
Ciutadella
Voyageant à Gaudi, c'est tout le ciel qui
s'illuminera
Au-delà de la colline de Montjuic
Berçant ta Sagrada Familia
Que toujours tu construiras

Ô Barcino, berceau de Colomb
Jusqu'à ta Ramblas merveilleuse
Qui ne fera que des envieuses
Jusqu'à la playa Marbella

C'est tout ton patrimoine qui me sera bella
Ô Barcino, de ton ciel ensoleillé
Jusqu'à ta nuit étoilée
C'est tout mon cœur scintillant
Devant ta splendeur émerveillée
Qui me sera effervescent
Ô Barcino, berceau de la musica
Je chanterais du Shakira
Jusqu'au Montserrat
En mode loca loca
Berçant le rythme de ton Barça
Ô Barcino, véritable joyaux du spectacle
Je danserais la sardane
Sur ton parvis de la Drassane
Ô Barcino, tu resteras à jamais dans mon cœur celui du véritable Barcelona
Qui me dira Viva Espana.

Ô Manchester

Ô Manchester si tu savais, mon cœur saigne
devant cette effroyable horreur
Que tu as vécu ce lundi soir à cause de ce
fanatique tueur
Qui est venu semer la terreur.
Aujourd'hui, c'est tout mon état d'esprit qui
est rempli de rancœur.
Et pour cause, ta jeunesse a été foudroyée
En plein cœur
Ce qui me vaut de terribles pleurs
Alors que celle-ci était venue s'amuser
Lors de ce concert d'Ariana Grande tout
émerveillé

Aujourd'hui, des familles vivent dans le chagrin
C'est toute une génération qui s'éteignait un soir
De mai, que chacune des familles vivait dans l'espoir
De revoir leurs proches, mais qu'il n'en serait rien
Ô Manchester, toi qui aimes rire et chanter
Bouger, danser, rêver
La tête dans les nuages
Le cœur en partage
Ne renonce jamais à cet adage
Toi Manchester, ville culturelle
De ce lieu si mythique, qu'est le Manchester News Evening Arena
Tu ne marcheras jamais seul avec ta pop.
Je serais présent à jamais dans ton antre qui m'est top.

Un endroit qui aujourd'hui n'est que lieu de recueillement
J'ai eu tellement mal que ma peine en était maximale
En l'espace de quelques instants, ma vie défilait tel un album
Étant feuilleté, afin de me rappeler ce qu'était ce lieu mythique
Un lieu remplit de joie et de musique
Ô Manchester, moi qui étais parti pour cette belle soirée
Afin de célébrer ma star étoilée
Ariana Grande
Un moment unique
Qui m'était magique
Mon cœur saignait
 Lorsque, la nuit tombait
Mes larmes me prévenaient qu'elles arrivaient.

Devant ce mémorial qu'était devenu le Saint Ann's Square
En regardant ces milliers de fleurs, ces nounours qui représentaient ta jeunesse
Ces bougies illuminées
Ces dessins, ces photos et messages venus du monde entier
Ô Manchester, mon cœur s'est tue
Devant toutes ces vies qui nous sont perdues
Aujourd'hui, il ne nous reste que ces souvenirs
Et l'innocence de notre jeunesse qui était tout sourire
Ô Manchester, mon amour pour toi
Me bercera de ta rivière Irwell
Que je contemple devant un portrait de Liam Gallagher
Berçant ma résonance devant Oasis

*Ô Manchester je ne te quitterai jamais et je te
suivrais chaque jour
Ton âme illumine mon amour
Cela me traversera au-delà des temps
A travers tes chants
Qui abriteront encore ce Manchester Arena
Qui guidera mes pas.*

Tendre Candice

Croire en ses rêves
Aujourd'hui, c'est la chance la plus libre
Nul ne peut t'en empêcher
Depuis que je t'ai rencontré,
Irrésistiblement, ta tendresse m'a fait chavirer
Chaque jour est un jour qui se rêve
En un joli sourire

Jamais personne ne pourra t'enlever cette douceur
Admirable qui te rend si sensuelle
Charmante, tu fais chavirer les cœurs
Océaniques berçant les âmes charnelles
Brillamment, cette candeur s'illuminera
Sensuellement vers les astres étoilés............

Ma Déclaration

Demain, si je meurs
Tu resteras à jamais dans mon cœur
Ou notre histoire demeure
Jusqu'à l'infini des temps, à tel point que j'en pleure

Je chercherais cet oracle
Pour revivre une nouvelle histoire sans oublier, mais souvenirs d'antan
Mais cela ne serait qu'un miracle
Raconté par tant de secrets palpitants

Qui regardait mon aile blessée.
Par le dard me faisant mal encore
Qui doucement essuyait mes pensées
De ces rêves amers qui me tenaient comme sort

Aujourd'hui, je sais que cette flamme
Est éteinte, à jamais puisque mon chemin
Est parsemé de parchemin
Abritant mon destin

Le plus cher de ma vie me tenant en éveil
Celui de réaliser le tour du monde
Avec la femme de ma vie et profiter de chaque seconde
A tes côtés pour admirer ces paysages
luxuriant jusqu'à mon réveil

Malheureusement, ma plume m'a quitté
Et ma vie s'est obscurcie dans la nuit
C'est pourquoi, je ne veux plus que tu me suives
Et que tu finisses par m'oublier

L'Instinct Amoureux

Ce soir, je sortirais le meilleur de moi
Humble, je serais avec toi
Réaliste, je gravirais des montagnes pour toi
Instantanément, mon amour ne sera qu'un privilège.
Sache que ma vie ne sera qu'un florilège.
Tendre, je serais à ton égard
Onde positive, tu recevras, car tu es ma raison de vie
Personne ne pourra comprendre mon regard.
Harmonieux, je contemplerais les étoiles de la vie.
Rêveur, je te rejoindrais avec envie

*Paysage ensoleillé, notre amour ne sera qu'éclairé
En continu sous le chemin de notre union
Tout en partageant secrets et passions
Installé en totale harmonie, tout sera parfait
Tendrement, notre histoire sera illuminée
Dans mon cœur, l'art dans les yeux
Me rendra merveilleux
C'est vrai, je pense trop fort à elle
Mon cœur commande ma vie
Et provoque mes envies
Je suis sûr que vous pourriez lire ses mots d'amour
Que je déclare chaque jour*

Vengeance Totale

Pourquoi me fais-tu souffrir?
Seule ma peine peut te suffire.
Mais je te connais pour savoir
Que tu te venges sur moi en ayant le sentiment du devoir

Accompli et d'une satisfaction intense
Sache que j'aurais de l'indifférence
A ton égard, car tu en avais rien à faire de nous
Ce qui d'ailleurs provoquait certains remous

Certes, ma détresse se lit dans mes yeux
Mais c'est le moment de se dire adieu.
Même si, la déception me fait pleurer
Ma vie ne sera que meilleure sans toi, jusqu'à t'oublier

Cœur arraché, vie gâchée
Comment ai-je pu être berné ?
A tel point de me rendre compte de rien
Moi qui croyais que tu étais quelqu'un de bien

Une fille qui serait m'aimer
Hélas, je me suis trompé
Sur ta personnalité que j'ai mal perçue
Tu m'as tellement déçu

Que je suis resté assis toute la nuit
Sous cette pluie a effacé tous mes ennuis
Une partie de moi était morte
Le jour se levait comme une porte.

C'était l'horizon qui était autrement
Et mes choix étaient à décidé maintenant
Celui de partir sans au revoir
Car cette délivrance était mon seul espoir

L'Amour En Voyage

Dans le cadre de mon voyage
Je me baladais près du rivage
Tel un roi mage
Et j'aperçus une silhouette lointaine sur cette
plage

Par curiosité, j'ai décidé de me mettre à la
page
Tel un lion sortant de sa cage
Je m'approchais de ce personnage
Énigmatique, une charmante demoiselle avec
ce joli visage

*Qui la rendait sage
Et qui faisait des ravages
En l'espace d'un instant, elle m'envoyait des messages
Qui rendait ma personnalité à l'état sauvage*

*Dans ma tête, cela était un sacré carnage
Mais, il fallait beaucoup de courage
Pour retrouver ce supplément d'âme qui faisait ma rage
Me tenant comme gage*

*Une sécurité indéboulonnable
Un seul regard échangé et cette idylle seraient inévitables
Mon amour était nuancé
Par cette beauté que je ne pouvais résister*

Aujourd'hui encore, cela est une obsession
Saurais-je résister à la tentation
Qui me dévore avec passion
Je ne sais pas comment faire avec ses
sensations

Qui me procure beaucoup de satisfaction
Je crois que je devrais prendre en
considération
Mon rêve et le réaliser
Sans rien regretter

Premier Amour

A travers cette union qui me procurait cette étincelle
Je me souviens de toi
D'une image aimante, naturelle
Et d'une délicatesse extrême envers moi
Sache que tu resteras gravé pour toujours
Dans mon cœur, car tu étais mon premier amour

C'est tout de noir vêtu en ce jour
Que nos sentiments se sont dévoilés
Et que l'on s'envoyait du rêve dans notre amour
Comme ce couple d'inséparables qui nous ressemblait

Notre amour brillait telle une étoile brillante
De ces corps enlacés par cet amour imminent
Qui écrivait cette histoire fastidieuse
Rempli d'émotions mystérieuses
Qui rendait cette beauté élogieuse
Une résonance mélodieuse

Jalouse, il est vrai ton amour
Pour moi, m'était abondant
Tel un saphir éclairé en plein jour
Qui m'était reposant
Pendant cette période dorée
Jour et nuit, chaque seconde
Nous partagions nos deux ondes
Qui nous illuminait

Mais ce tragique événement a bouleversé
Ma vie et cet amour m'ont abandonné
Pendant que mes pleurs divaguaient
Sous les rives de la paix
Ma journée était hantée
Par ma réflexion désarmée

Il suffisait d'un souvenir
Pour voir ton dernier soupir
Maintenant que nos chemins se sont séparés
Et que mes pleurs se sont dissipés
Je continuerais sans toi
Même si j'ai besoin de toi

Nostalgie

Tourmenté et blessé
Par ce passé qui m'a tant déchiré
Je m'aperçois qu'il est grand temps
De changer, de me révéler et qu'il y ait un changement

De situation, qui m'illuminerait de paillette
Danser, chanter ne serait qu'une illusion
Sur mon corps de bête
Par la réalisation de cette passion

Qui me tient à nouveau en haleine, ce bonheur
Tant désiré que je voulais

Récupérer et cette odeur
Enivrante qui m'envoûtait

Celle de cette fille qui m'était ouverte
Par ses mots et gestes enlacés
Qui me mettait déjà en alerte
Retrouverais-je un jour, ce bonheur qui m'a tant émerveillé ?

Sensation Étrange

Sensation noire, cœur aride est ce le mystère d'un sort ?
Chemin ombrageux ou mon corps brûle et saigne
Événements tristes avec la solitude pour enseigne
Rêve noir, vie oubliée sur le port

Ici je pleure, ma puissance est indigne, ici je m'endors
Trahi par mes proches, mental blessé
Flèche en plein cœur, corps enchaîné
Amour impropre, rempli de tristesse et de mal être qui me réservait ce sort

Destiné à ma destruction totale au terrible son de ses armes
Pointés à mon égard, je me sentais partir
Avec ce supplice qui me fit sortir mes larmes
Le voyage n'était plus loin et défilait mes souvenirs

Entendez-vous le son qui m'accompagne
L'horloge de la sentence augmentait mon pouls
Qui m'envoyait au fond du trou
Au loin, la fenêtre s'ouvrait et c'était celle du bagne

Remerciements :

Je souhaite remercier mon éditeur qui me donne l'opportunité d'avancer vers mon rêve ainsi qu'à vous très chers lecteurs qui donnent un sens à celui -ci, «A Cœur Ouvert»

Christopher Petit

©Copyright 2019 Christopher Petit

Éditeur : BoD-Books on Demand, 12/14 rond point des Champs Élysées, 75008 Paris, France

Impression : BoD-Books on Demand, Norderstedt, Allemagne

ISBN : 978-2-322-1331-30

Dépôt légal : Avril 2019